RESTAURAR MUEBLES

RESTAURAR MUEBLES

50 espectaculares proyectos para hacer en casa

Amat
editorial

© Profit Editorial I., S.L. 2018
    Amat Editorial es un sello de Profit Editorial I., S.L.
    Travessera de Gràcia, 18-20, 6º 2ª. 08021 Barcelona

Redacción: Maite Martín
Diseño y maquetación: David Anglés
Fotografías: Thinkstock y Shutterstock
Realización: Atelier de Revistas SL.

ISBN: 978-84-9735-910-8
Depósito legal: B 608-2023
Primera edición: Mayo de 2018
Segunda edición: Febrero de 2023

Impresión: Gráficas Rey
Impreso en España / *Printed in Spain*

Sumario

Introducción

A veces es una mano de pintura; otras, un poco de lija y una capa de barniz. Hay muchas formas de recuperar los muebles desgastados por el uso y algunas de ellas son fáciles y rápidas. En este libro queremos ayudarte a restaurar en casa tus piezas más queridas: una mesa marcada, una silla con la tela gastada, un mueble con rasguños...

Pocas cosas dan tanta satisfacción como comprobar que somos capaces de dar una nueva vida a objetos que parecían inservibles o muebles que parecían condenados al contenedor. La moda del *shabby chic*, que recupera el aspecto desgastado de los muebles y lo pone como tendencia, se une a la restauración más clásica. Dos formas de disfrutar de nuevo de objetos y piezas que tienen un significado especial en nuestras vidas.

Antes de tirar un mueble o cambiar la decoración del salón, piensa en cómo puedes transformar la imagen de cualquier pieza para devolverle todo el protagonismo en tu casa. Disfrutarás haciéndolo, ahorrarás dinero y, sobre todo, sentirás la magia de recuperar algo que creías desfasado o perdido. Con nuestras explicaciones paso a paso te será muy fácil.

Primer paso: limpiar el mueble

Como en cualquier proceso de restauración, lo importante es tener una superficie limpia, seca y preparada para recibir el tratamiento que le corresponda. Muchas veces basta con una limpieza profunda, puesto que la suciedad forma una capa oscura que desvirtúa el color e incluso tapa la veta natural de la madera. Por eso, el primer paso es preparar el mueble.

Para hacerlo existen diferentes productos:

✓ **Agua y jabón.** Con frecuencia basta con lavar el mueble con una esponja empapada en agua jabonosa y bien escurrida, frotando ligeramente, para recuperar la superficie original de muchos muebles, como marcos o espejos.

✓ **Aguarrás.** Su principal función es la de retirar la grasa de los muebles, algo muy útil en piezas que han estado en cocinas o garajes y que acumulan suciedad de origen graso.

✓ **Papel de lija.** Cuando se trata de muebles barnizados, que presentan una imagen opaca y deslucida, una buena forma de recuperar el mueble es retirar esa vieja capa de barniz. Para ello, lo mejor es utilizar papel de lija para madera, en hoja o taco, del grano adecuado al trabajo que se quiere realizar: cuanto más fino sea el grano de la lija, más leve será el efecto abrasivo sobre la madera. Y, al contrario, cuanto más grueso, mayor será el efecto. Lijar un mueble no solo retira la capa de barniz, también elimina la suciedad y repara las marcas de arañazos en la madera. Con ello logramos una superficie lisa y limpia.

✓ **Gel decapante.** También es posible eliminar la capa de barniz o pintura existente con un decapante, una pasta con consistencia de gel que se aplica con brocha, pincel o espátula y ablanda la capa existente en el mueble. Se deja secar y se retira con una espátula: con ese movimiento se elimina todo el acabado anterior y queda la madera sin acabado, con su aspecto natural.

✓ **Decolorantes.** Elaborados con cristales de ácido oxálico, son ideales para tratar muebles con manchas. Se aplican sobre la zona deseada, se dejan actuar el tiempo indicado en el envase, se pasa un cepillo de cerdas duras y suelen retirarse con agua.

✓ **Lana de acero.** Estas poderosas esponjas abrasivas son perfectas tanto para lijar la madera como para abrillantar metales. Su acción dependerá de la numeración escogida: las 00 son las más potentes por el grosor de las virutas de acero y resultan ideales para lijar maderas, mientras que las 0000, las más finas, son idóneas para tratar los metales sin rayarlos.

Además de estos productos, es recomendable disponer de **pinceles, brochas, trapos de algodón, espátulas y guantes protectores** para trabajar con todos ellos.

Segundo paso: tratar los problemas

Manchas, carcoma, grietas u hongos son algunos de los problemas que pueden presentar los muebles que queremos recuperar. Después de limpiar a conciencia el mueble y dejar la madera vista, es importante remediar este tipo de problemas para que el mueble quede en perfecto estado. Estas son las patologías más frecuentes de los muebles de madera y la mejor forma de solucionarlas.

Manchas

Los productos decolorantes elaborados con cristales de ácido oxálico son la mejor opción. Pero antes conviene ver si retirando la capa de barniz la mancha desaparece, ya que en muchos casos es totalmente superficial y podemos solucionarlo fácilmente con papel de lija o lana de acero.

Carcoma

Las larvas se alojan en las grietas de la madera y se alimentan de ella. La señal más evidente de carcoma es la presencia de agujeros en la madera y de serrín en el suelo. Para combatirla, lo mejor es utilizar un producto anticarcoma siguiendo las instrucciones del fabricante. Se aplica directamente en los agujeros y se envuelve el mueble en plástico para dejar actuar el producto de forma hermética.

Grietas y marcas profundas

El uso de los muebles provoca marcas, grietas y fisuras. Cuando son poco pronunciadas, basta con lijar el mueble para disimularlas. Si se trata de marcas profundas, lo mejor es rellenarlas con una pasta para madera del mismo color del mueble (es posible mezclar varios tonos para conseguir el color adecuado). Una vez seca, podemos teñir la madera o pintarla a nuestro gusto.

Hongos

El agua y la humedad atacan muchos muebles de madera, sobre todo si han estado en ambientes húmedos. Existen dos tipos de patologías: la que deja marcas blanquecinas y la que pudre la madera con manchas marrones. Lo mejor es utilizar un fungicida adecuado para cada caso. Consulta en tu droguería cuál es el producto idóneo.

Tercer paso: el color de la madera

Si queremos respetar el color de la madera, o reavivar su tonalidad natural, podemos recurrir a los tintes. Si buscamos dar al mueble un efecto envejecido o una leve coloración, lo más indicado son las pátinas que, además de dar una veladura de color, dejan ver la veta natural de la madera lijada. ¡Una nueva vida para los viejos muebles barnizados o lacados!

Una vez limpio y lijado, el mueble de madera nos regala una superficie natural, en la que las vetas marcan el estilo y la personalidad de la pieza. Si buscamos respetar ese color natural de la madera, lo más indicado es simplemente barnizar o encerar el mueble para protegerlo. Si, por el contrario, queremos aprovechar para renovar su color o darle un aire envejecido, podemos recurrir a tintes y pátinas, productos muy eficaces para dar un nuevo aire a los muebles restaurados.

Pátinas

El más común de todos estos productos es el **betún de Judea**, un líquido denso y oscuro que se aplica sobre muebles lijados para oscurecerlos. Convenientemente aplicado con un paño de algodón que no suelte pelusa, el betún de Judea resulta especialmente indicado para envejecer piezas con carácter, como escritorios antiguos o sillas isabelinas, aunque últimamente está de moda aportar esa pátina del tiempo a muebles de aspecto industrial o de líneas más simples. Si quieres variar el color al mismo tiempo que envejeces el mueble, lo mejor es mezclar este betún de Judea con óleos del color elegido.

Tintes

Los tintes para madera son otra buena opción para velar con color un mueble. Se trata de pigmentos que penetran en la madera y le confieren una capa de color que, sin embargo, respeta la veta natural. Se comercializan **tintes con diferentes bases: al disolvente, al agua o al alcohol**.

Los **tintes al agua** pueden aplicarse con una brocha, al igual que los tintes de base alcohólica. Los **tintes al disolvente**, por el contrario, secan tan rápido que es conveniente aplicarlos con un trapo de algodón y ser ágiles al dar la capa, para evitar cambios de color.

Proteger el mueble: tipos de barnices

Existen barnices acrílicos al agua, que requieren tratar previamente la madera. Su principal ventaja es que no huelen. Los barnices a base de disolvente (habitualmente poliuretano) son los que proporcionan los acabados más resistentes, tanto al agua como al calor. Eso los hace especialmente interesantes a la hora de restaurar muebles de mucho uso, como mesas o sillas.

El barniz es el acabado más indicado para muebles de madera macizos en buen estado. Tras el conveniente proceso de lijado, la veta natural de la madera se reaviva con la aplicación de estos productos, que protegen la superficie del mueble de la suciedad y de los roces provocados por el uso. Casi todos los barnices ofrecen acabados brillantes o satinados, para cubrir todas las necesidades.

Existen cuatro grandes grupos de barnices para madera, que proporcionan diferentes tipos de protección:

✓ **Barnices sintéticos:** protegen el mueble y reavivan el tono natural de la madera. Su gran ventaja es que no amarillean.

✓ **Barnices de poliuretano:** elaborados con resinas sintéticas y aceites, se presentan en distintos tonos que facilitan poder dar al mueble restaurado el color exacto de madera que buscamos.

✓ **Barnices acrílicos:** como tienen el agua como base, poseen la capacidad de penetrar en la madera y respetan la veta natural. Son uno de los barnices más usados.

✓ **Barnices de goma laca:** son los más delicados de todos y requieren aplicarse «a muñequilla». Perfectos para muebles de poco uso, no se recomiendan en piezas expuestas a roces constantes, como mesas de comedor.

Es posible elegir entre distintos tipos de acabado para el barniz, que puede ser **mate, satinado o brillante**. Todo depende del tipo de acabado que queramos conseguir y también del uso que vayamos a dar a cada pieza. Por ejemplo, para los muebles de melamina lo mejor es escoger un barniz con color satinado, ya que protege el mueble de las manchas y lo hace más resistente a la limpieza.

Los muebles de madera admiten barnices mates o satinados como protección frente a marcas y rasguños, así como barnices brillantes, de los que se aplican a muñequilla por manos muy expertas y que los principiantes podemos aplicar con brocha de cerdas naturales y suaves, seguidos de un proceso de pulido con un paño de algodón hasta lograr el brillo deseado.

Algunas maderas blandas o con muchos nudos pueden «sudar» manchas que atraviesen la pintura, la cera o el barniz. Para evitar este «sangrado», que tiñe el resultado final con un tono rojizo, lo mejor es utilizar un **barniz tapaporos**, que se aplica directamente en el nudo e impide que esa resina de color estropee el acabado final.

Cómo se barniza un mueble

Tras preparar la madera, con papel de lija o gel decapante según convenga, será necesario aplicar una capa selladora realizada con cuatro partes de barniz y una de trementina. Se aplica una primera capa de esta mezcla sobre la madera y, una vez seca, se dan dos nuevas capas con un pincel de cerdas naturales y siempre en la misma dirección que la veta natural de la madera.

Para evitar dejar restos y marcas es importante no cargar la brocha con una excesiva cantidad de barniz. Si, pese al cuidado en la aplicación, quedan pequeñas burbujas o marcas en la capa de barniz aplicada, podemos rectificar pasando una lija de grano muy fino, retirando el barniz que no ha quedado bien. Es importante eliminar muy bien cualquier resto de polvo antes de aplicar una nueva capa de barniz.

Proteger el mueble: ceras y aceites

Todos los muebles de madera necesitan un acabado para garantizar su protección frente al uso cotidiano. Tras los barnices, los aceites y las ceras también proporcionan a los muebles una película protectora frente a la suciedad y los roces. Su elección final dependerá del acabado final que queramos conseguir y, sobre todo, del uso que vayamos a dar a la pieza restaurada.

Ceras

En realidad, se trata de una mezcla de cera de abeja y trementina que se aplica con un paño de algodón o una brocha especial para encerar sobre la madera natural. No solo protege la superficie de la madera, sino que penetra en profundidad en las capas inferiores y la nutre, con lo que el mueble queda más protegido frente a los cambios de temperatura.

Aunque no es un acabado tan duradero y resistente como el barniz, el pulimento a la cera es uno de los preferidos por su fácil aplicación y su **acabado ligeramente sedoso.** Lo más habitual es optar por una crema de cera y un paño de tela de algodón (¡de nuevo importante que no suelte pelusa!) y aplicarla con movimientos circulares sobre el mueble frotando para que penetre en la madera.

Las **ceras de lustre** ofrecen brillo natural a la madera y suelen presentarse en tres tonos: natural para maderas claras, normal para maderas medias y sapeli para maderas rojizas.

Si, además de dar brillo, queremos restaurar la pátina de cera propia del mueble, lo ideal es elegir una de las llamadas **ceras de pátina,** que podemos encontrar en los tonos más habituales de los muebles de madera, como la caoba, el cerezo, el roble o el nogal.

A veces, estas pátinas ofrecen algunos **efectos decorativos,** como las ceras con efecto blanquecino, perlado, plateado, acero... Por último, si además de nutrir la madera y dar brillo queremos teñir un mueble de madera natural, podemos utilizar una **cera para teñir.** Habitualmente la encontraremos en los colores más habituales de la madera para muebles, como el roble o el cerezo.

Aceites

Durante siglos, el **aceite de linaza** ha sido el responsable de la protección natural de muchos muebles. El característico color rojizo intenso de las maderas coloniales se consigue fácilmente con una capa protectora de aceite. Aunque es perfectamente posible seguir utilizando aceite de linaza, es importante tener en cuenta que tarda mucho tiempo en secar, lo que aumenta el riesgo de que el polvo o la suciedad se depositen sobre el mueble y la superficie quede irregular. Precisamente por ese motivo **el aceite danés o el aceite de teca**, elaborados con resinas sintéticas, son más apreciados; secan en solo seis horas y, además, son muy resistentes. Otra opción es el **aceite de tung** –también conocido como aceite de China– o incluso el mismísimo aceite de oliva.

Cómo se aplica el aceite sobre la madera

Se trata de una operación relativamente sencilla. Con una brocha bien impregnada en el aceite se barniza el mueble en el sentido de la veta de la madera. Es importante distribuir bien la cantidad de aceite mientras se aplica, de forma que la madera vaya absorbiendo el aceite y no deje excesos en la superficie. Habitualmente conviene dar una segunda capa. Tras la aplicación del aceite es importante abrillantar la superficie con un paño de algodón limpio que no suelte pelusa.

La magia de la pintura: rápido y fácil

Sin duda, la pintura es la técnica más utilizada en todo el mundo para dar una nueva vida a un mueble. Fácil de usar, ofrece resultados espectaculares, rápidos y económicos. Ahora, además, los nuevos tipos de pinturas permiten acabados de todo tipo.

Existen diferentes tipos de pintura según su composición y, por tanto, según el acabado que ofrecen con su aplicación.

TIPOS DE PINTURAS

Pintura acrílica

Es la más común de todas y la que ofrece mejores resultados sobre casi cualquier superficie. Existen pinturas acrílicas en todos los colores imaginables y, además, se pueden intercambiar y mezclar, con lo que la paleta real de tonos es infinita. Podemos encontrar **pinturas acrílicas a base de agua**, que secan muy rápido y se adhieren muy bien a todo tipo de superficies, aunque resisten mal los ambientes húmedos, como la cocina o el baño. Más minoritarias, también podemos encontrar **pinturas acrílicas a base de aceites**, de las que merece la pena destacar su espectacular viveza en el color y su resistencia a la humedad.

Pintura a la tiza

Es la reina de las últimas tendencias. Aunque siempre se había pintado con una base de calcio similar, en los últimos años han aparecido pinturas de efecto *chalky* que permiten pintar cualquier tipo de superficie sin lijar ni decapar. **Rápido, sencillo y muy vistoso**, este tipo de pintura incluso permite transformar simples piezas de melamina en objetos vistosos y coloridos. Es indispensable aplicar sobre esta pintura a la tiza una **generosa capa de cera especial**, que protegerá el mueble de manchas, roces y suciedad.

Pinturas metálicas

También son un invento de los últimos años y hacen mucho más fácil la transformación de un viejo mueble de madera en una pieza de aspecto metalizado. Oro, plata y cobre son los tres tonos metálicos más frecuentes, aunque también existen acabados azules, verdes, rojos, lilas... Podemos encontrar este tipo de pinturas metalizadas **en innovadores esprays**, mucho más fáciles de aplicar, que facilitan un acabado uniforme y sin burbujas.

ANTES DE PINTAR...

Existen algunos pasos previos a la aplicación de pintura en el mueble. El más importante es que el mueble esté limpio y seco antes de empezar a

aplicar la pintura. Otro factor a tener en cuenta es la superficie, ya que cuanto más lisa y uniforme sea, mejor será el resultado final. Eso implica lijar superficies rugosas, eliminar astillas, disimular marcas y arañazos y, por supuesto, haber eliminado la carcoma si este problema existiera en la pieza.

Las imprimaciones preparan cualquier superficie para que la pintura se adhiera mejor. En el caso de la madera, lo habitual es optar por selladora o tapaporos. La diferencia estriba en que el tapaporos está indicado para preparar **maderas duras de grano abierto**, como el roble, la caoba o el palisandro, mientras que las **maderas de poro cerrado** como el abedul o el arce quedarán mejor con la aplicación de una capa de selladora.

Cómo se aplica el tapaporos

El tapaporos es un barniz al agua que protege este tipo de piezas y que se aplica antes de la cera o el barniz. Lo mejor es mojar un trapo de algodón en el líquido tapaporos y frotar vigorosamente el mueble con movimientos circulares. Tras retirar el producto sobrante con un paño seco, se deja secar el tiempo que indique el envase y después se lija muy suavemente con papel de grano fino, siempre en la dirección de la veta. También es la mejor forma de protección para un mueble de madera natural que queramos dejar con acabado encerado o simplemente barnizado.

Cómo se aplica la selladora

Tras lijar la madera y eliminar el polvo, se aplica una capa de selladora como si se tratara de pintura, con una brocha, hasta cubrir toda la pieza. Si es necesario, se puede aplicar una segunda capa, para lo cual se recomienda lijar suavemente parte de la capa de sellado anterior: esto garantiza una mejor adherencia de la capa final de la selladora.

PINTAR EN DISTINTAS SUPERFICIES

Cómo pintar un mueble de madera

Aplica una capa de selladora o tapaporos (según el tipo de porosidad de la madera) para garantizar un mejor agarre de la pintura. Una vez seca, da una mano de pintura del color deseado con una paletina con movimientos extendidos y largos para que la pintura se reparta bien por toda la superficie. Deja secar el tiempo recomendado por el fabricante y aplica una segunda capa.

Cómo pintar un mueble de cristal o plástico

En superficies no porosas —como la melamina, el cristal o el plástico— es necesario dar antes una capa de imprimación para garantizar la adherencia de la pintura. Tras la base de imprimación, se procede a dar dos manos de pintura dejando el tiempo de secado establecido por el fabricante en el envase.

Restaurar muebles

PROYECTOS

Taburete de estilo provenzal

Un viejo taburete de madera puede transformar totalmente su aspecto con una capa de pintura. En un color intenso como el rosa chicle, será una pieza muy chic.

CÓMO SE HACE

1 Lija el taburete para retirar los restos de barniz. Retira el polvo.

2 Aplica una capa de imprimación blanca al agua. Deja secar.

3 Da una capa de pintura en todo el banco, insistiendo en los rincones. Deja secar y repite con una segunda capa de pintura. Si ves que el color aún no es intenso, puedes repetir con una tercera capa.

4 Aplica una capa de barniz mate incoloro.

FLOWERS
&
GARDEN

Butaca envejecida en blanco antiguo

Los muebles con vetas marcadas son perfectos para pintar con pintura muy diluida, muy blanquecina, y simular la pátina del tiempo.

CÓMO SE HACE

1 Protege el tapizado con plástico y cinta de carrocero. Aplica el decapante con una brocha, deja actuar y retira con la espátula.

2 Si queda alguna zona brillante, signo de que aún hay barniz en la madera, elimínala con un lijado suave. La madera debe quedar totalmente mate.

3 Añade agua a la pintura acrílica hasta que esta adquiera una consistencia líquida, como de leche. Remueve bien y aplica una capa de pintura diluida en todo el mueble.

4 Deja secar. Aplica una capa de barniz al agua para proteger la pieza y deja secar de nuevo.

···· MATERIALES ····

decapante en gel

papel de lija de grano fino

pintura acrílica blanca

barniz al agua mate

plástico protector

cinta de carrocero

brocha

espátula

Office con aire retro

Si estás pensando en cambiar el aire de tu comedor, pintura y telas acuden en tu ayuda. Renueva la imagen de tu office *con esta paleta tan mediterránea.*

CÓMO SE HACE

1   Retira la tapicería vieja de las sillas y usa las viejas estructuras para marcar en la nueva espuma las siluetas exactas que necesitas para el nuevo tapizado. Corta la tela añadiendo al menos 15 centímetros por cada lado.

2   Monta la nueva tapicería colocando la tela cortada sobre una mesa, centra la nueva espuma cortada y dobla la tela sobrante en el reverso, fijándola con grapas de tapicero.

3   Con una bayeta humedecida en agua jabonosa, limpia bien la madera de posibles restos de grasa o suciedad. Lija bien las sillas y la mesa para retirar todo resto de pintura o barniz anterior. Retira el polvo.

4   Diluye la pintura azul en un poco de agua y aplícala con la brocha sobre los muebles, siempre en el sentido de la veta. Deja secar y aplica una capa de barniz incoloro mate o cera incolora.

5   Fija los asientos tapizados a las sillas con cola blanca de carpintero o atornillando a la silla. Haz lo mismo con los respaldos, rematando con un cordón de pasamanería a juego.

···· MATERIALES ····

pintura acrílica azul

imprimación blanca al agua

espuma de tapicero

tela estampada

cinta de pasamanería

cola blanca para madera

grapadora de tapicero

papel de lija de grano medio

barniz incoloro mate

paletina ancha

bayeta

agua y jabón líquido

tijeras

Espejo de madera

Un viejo espejo con marco de madera barnizado o desgastado por el paso del tiempo puede volver a resplandecer en cualquier rincón de la casa sin perder un ápice de encanto.

1   Con una bayeta humedecida en agua jabonosa, limpia bien la madera de posibles restos de grasa o suciedad.

2   Lija bien la madera con papel de lija de grano fino. No es necesario retirar por completo la pintura o barniz anterior, solo lijar para que el esmalte que apliques posteriormente quede bien agarrado a la superficie.

3   Retira el polvo resultante de haber lijado y aplica una capa de esmalte dorado con un pincel. Puedes utilizar una brocha pequeña para llegar mejor a los rincones o dar golpecitos con el pincel para llenar de esmalte todos los recovecos.

4   Cuando se haya secado, aplica con un pincel un poco de betún de Judea sobre el marco y pasa un paño de algodón para retirar el sobrante y permitir que se mezcle con la pintura. Deja secar.

· · · · MATERIALES · · · ·

esmalte dorado

betún de Judea

pincel mediano

papel de lija de grano fino

paño de algodón

bayeta

agua y jabón líquido

Mesa tocinera para la cocina

Es uno de los muebles más solicitados en la decoración de cocinas y offices, *fácilmente restaurable gracias al barniz y la pintura blanca que, además, le otorga un nuevo aire, más ligero.*

CÓMO SE HACE

1 Con una bayeta humedecida en agua jabonosa, limpia bien la madera de posibles restos de grasa o suciedad. Lija la madera con papel de lija de grano grueso. Si quieres mantener el aspecto envejecido de la encimera, hazlo en esa parte con lija de grano fino. Retira el polvo con un paño de algodón.

2 Aplica una capa de pintura blanca sobre la mesa, sin pintar la encimera de madera. Hazlo con una brocha para esmalte, de puntas biseladas, estirando bien la pintura en capas finas, siempre desde el centro hacia los lados. Deja secar y aplica una segunda capa.

3 Aplica una capa de cera sobre la encimera con una brocha redonda. Si buscas un efecto más envejecido, elige cera oscura.

4 Frota la encimera de la mesa con lija de grano fino y saca lustre con un paño.

Reloj de pared

Recuperar el color natural de la madera puede ser suficiente para devolver a piezas antiguas toda su magia. La cera, en este caso, es la gran aliada para proteger el mueble del desgaste.

CÓMO SE HACE

1 Limpia el mueble con una bayeta humedecida en agua jabonosa. Seca bien con un paño que no suelte pelusa.

2 Lija toda la madera con lija de grano grueso para eliminar los restos de pintura o barniz. Retira el polvo y lija de nuevo, esta vez con papel de grano fino, hasta ver el color natural de la madera. Retira de nuevo todo el polvo.

3 Aplica una capa de cera con un pincel. Deja secar unos diez minutos.

4 Retira la cera sobrante con un paño de algodón. Hazlo frotando enérgicamente en todas direcciones.

5 Frota con el cepillo de cerdas duras toda la madera, siempre en el sentido de la veta, y pasa de nuevo el paño para frotar bien.

•••• MATERIALES ••••

cera incolora

paño de algodón

pincel mediano

cepillo de cerdas duras

lija de grano grueso

lija de grano fino

bayeta

agua y jabón líquido

Telefonera para la cocina

Hay muebles que ya no nos son de utilidad con el fin para el que fueron creados y que, en cambio, son perfectos en una nueva estancia de la casa. Como esta telefonera alta que ahora es la protagonista de la cocina.

CÓMO SE HACE

1 Si la mesa está barnizada o lacada, pasa un papel de lija de grano grueso para abrir los poros. Aplica una capa de barniz mate como sellador y deja secar bien. Si no, pasa directamente al paso 2.

2 Da una capa de pintura blanca con brocha gruesa, en todas direcciones, para que se vean las marcas de brochazos. Deja secar.

3 Pasa un papel de lija de grano medio, mejor si es un taco, insistiendo más en algunas zonas, hasta conseguir un acabado envejecido.

4 Aplica una capa de cera incolora con un paño de algodón o una brocha para encerar, sin presionar para no pulir.

5 Con un paño de algodón seco, elimina el exceso de cera.

•••• MATERIALES ••••

pintura a la tiza color blanco antiguo
brocha grande
papel de lija de grano medio
cera incolora
paño de algodón

SEA·FOOD
OUR SPECIALTY
OLIO
VINO

Renovar un espejo barroco de madera

El acabado ultramate de la pintura a la tiza es ideal para dar un aspecto shabby *a muchas piezas clásicas como marcos de fotos y espejos barrocos.*

1 Limpia el marco con una bayeta humedecida en agua jabonosa. Seca bien.

2 Protege el espejo con cinta de carrocero, para que no se manche (si cae pintura, puedes retirarla con una rasqueta una vez seca).

3 Pinta el marco con una brocha estrecha. Pon el espejo plano sobre un taburete alto o sobre una mesa, para que puedas pintar el frente y los lados de una sola vez, sin esperar a que se seque para seguir. Deja secar.

4 Aplica una capa de cera con un paño de algodón o una brocha para encerar. Puedes optar por cera blanca si buscas un efecto más luminoso o bien incolora para dejarla más mate. Recuerda que no debes presionar al aplicarla.

• • • • MATERIALES • • • •

pintura a la tiza gris claro

brocha estrecha

cinta de carrocero

paño de algodón o brocha para encerar

cera incolora o blanca

Pintar un escritorio

A veces la decoración que buscamos en casa no necesita la solidez de la madera barnizada y necesitamos acudir a los colores de la pintura para aligerar una pieza que queremos mantener en la decoración. Es el caso de este magnífico secreter, que del salón ha pasado a una habitación muy femenina.

CÓMO SE HACE

1 Retira los cajones, desenrosca los pomos y lija el mueble para retirar restos de barniz. Si se resiste, utiliza un gel decapante, déjalo actuar y retíralo con una espátula.

2 Limpia bien el mueble del polvo y aplica una capa de imprimación para sellar los poros. Deja secar.

3 Pinta el interior del mueble en verde con un rodillo de espuma, siempre en la misma dirección, para que no queden marcas. Utiliza la paletina para llegar bien a todos los rincones. Deja secar abierto al menos una hora.

4 Pinta el resto del mueble en blanco. Puedes proteger la zona pintada con el otro color con cinta de carrocero. Deja secar de nuevo.

5 Aplica una capa de barniz mate en todo el mueble.

Baúl de madera

Cada vez es más frecuente combinar en decoraciones urbanas algunos elementos rústicos heredados de una vieja casa de campo o adquiridos en mercadillos. Esta es la fórmula para restaurar muchas de estas piezas.

CÓMO SE HACE

1 Lija el baúl con papel de lija de grano grueso para eliminar posibles rebordes y astillas de la madera. Hazlo también en el interior. Retira el polvo con un paño.

2 Aplica una capa de tinte al agua de color cerezo con un pincel mediano, por dentro y por fuera. Deja secar.

3 Con una esponja, aplica una capa generosa de cera incolora por todo el mueble. Deja secar diez minutos y retira el excedente con un paño, frotando con mayor intensidad si buscas un acabado brillante.

4 Frota la madera enérgicamente con un cepillo de cerdas duras. Hazlo en todas direcciones.

5 Retira el polvo con un paño, frotando si deseas pulir la madera.

• • • • **MATERIALES** • • • •

papel de lija de grano grueso
tinte al agua color cerezo
pincel mediano
cera incolora
esponja
paño de algodón
cepillo de cerdas duras

Consola de estilo romántico

Pocas combinaciones resultan tan chic como la madera natural y el blanco empolvado. Una mezcla perfecta para piezas auxiliares como esta consola para el dormitorio o el recibidor.

CÓMO SE HACE

1 Limpia la consola con una bayeta humedecida en agua jabonosa. Seca bien con un paño que no suelte pelusa.

2 Pasa papel de lija de grano fino por la encimera para retirar la pintura o el barniz existente. Frota hasta dejar la madera vista, porque no recibirá pintura.

3 Retira todo el polvo con una bayeta humedecida ligeramente en agua y seca bien con un paño.

4 Dale la vuelta al mueble y empieza a pintar las patas con pintura a la tiza en color blanco roto. Gira el mueble y sigue pintando el resto. Deja secar.

5 Pasa papel de lija por algunas zonas pintadas hasta que se vea un poco la madera.

6 Aplica una capa de cera con un paño de algodón por todo el mueble, también en la madera sin pintar, para protegerlo.

•••• MATERIALES ••••

pintura a la tiza color blanco roto

pintura a la tiza color gris antracita

paletina mediana

paño de algodón

cera incolora

papel de lija de grano fino

bayeta

agua y jabón líquido

Mesa antigua

A veces tenemos un mueble de madera antiguo que parece haber perdido vida. La clave para recuperarlo es la cera, que hidrata en profundidad la madera y le devuelve su aspecto original.

CÓMO SE HACE

1 Limpia la mesa con una bayeta humedecida en agua jabonosa. Seca bien con un paño que no suelte pelusa.

2 Aplica una capa de cera con un pincel. Deja secar unos diez minutos.

3 Retira la cera sobrante con un paño de algodón. Hazlo frotando enérgicamente en todas direcciones.

4 Frota con el cepillo de cerdas duras todo el mueble, siempre en el sentido de la veta y pasa de nuevo el paño para frotar bien.

5 Si los tiradores están en mal estado, no los retires y dales el mismo tratamiento de cera y lustre para recuperarlos.

• • • • MATERIALES • • • •

cera incolora
paño de algodón
pincel mediano
cepillo de cerdas duras
bayeta
agua y jabón líquido

Telefonera *vintage*

Muchos muebles auxiliares antiguos tienen una gruesa capa de barniz brillante que no encaja con la decoración de nuestra casa. Lijar esa madera y combinarla con un tono intenso puede convertir un viejo mueble en el protagonista de tu salón.

CÓMO SE HACE

1 Limpia la mesa con una bayeta humedecida en agua jabonosa. Seca bien con un paño que no suelte pelusa.

2 Pasa un papel de lija de grano medio por todo el mueble para retirar el barniz existente. Frota hasta dejar la madera vista no solo en la encimera que no vas a pintar, sino también en las patas, para que la pintura a la tiza se agarre mejor.

3 Retira todo el polvo con una bayeta humedecida ligeramente en agua y seca bien con un paño.

4 Dale la vuelta a la mesa y empieza a pintar las patas con pintura a la tiza de color verde y una brocha mediana. Gira de nuevo la mesa y sigue pintando el resto de la estructura. Deja secar.

5 Pasa el papel de lija por algunas zonas pintadas para lograr el efecto envejecido.

6 Aplica una capa de cera con un paño de algodón o una brocha para encerar por todo el mueble, incluida la encimera de madera que no has pintado.

Aparador mediterráneo

Perfecto para un apartamento en la playa o para un piso con inspiración marinera, un viejo aparador de madera oscura se renueva completamente gracias a la pintura a la tiza en tres colores. ¡Éxito asegurado!

1 Lija la encimera para que quede la madera natural. Limpia el mueble del polvo. Protege la encimera del aparador con cinta de carrocero.

2 Retira los tiradores o pomos de todos los cajones (o de las puertas, si las tiene). Saca los cajones del mueble.

3 Aplica una capa de pintura blanca a la estructura. Deja secar.

4 Elige algunos cajones y píntalos también en blanco. Mientras se secan, pinta otros en gris claro y el resto en gris antracita.

5 Lija con papel de grano grueso algunas zonas tanto del mueble como de los cajones para que se vea la veta de la madera.

6 Retira la cinta de carrocero y aplica una capa de cera con brocha o con un paño por todo el mueble. Haz lo mismo con cada uno de los cajones. Vuelve a colocar los tiradores y pon de nuevo los cajones en su sitio.

•••• MATERIALES ••••

pintura a la tiza color blanco antiguo

pintura a la tiza color gris claro

pintura a la tiza color gris antracita

brocha ancha

paño de algodón

cera incolora

papel de lija de grano grueso

cinta de carrocero

agua y jabón líquido

Cabecero con rejilla

Muchos muebles con rejilla están hechos con maderas oscuras que son demasiado pesadas visualmente. En el caso de un cabecero, si pintas la madera en un tono claro y aprovechas para renovar la rejilla, ¡el dormitorio parecerá otro!

CÓMO SE HACE

1 Retira la rejilla vieja quitando el junquillo que la fija al dorso del cabecero.

2 Lija todo el cabecero para retirar la vieja capa de barniz y dejar la superficie suave al tacto.

3 Aplica una capa de selladora y dos capas de pintura acrílica, respetando el tiempo de secado entre capa y capa. Puedes hacerlo combinando la brocha con el rodillo.

4 Sumerge la rejilla vegetal 15 segundos en agua y deja escurrir unos 15 minutos hasta que se seque un poco.

5 Grapa la rejilla en el dorso del cabecero, tensando bien. Empieza en el centro de los cuatro lados y sigue hacia las esquinas. Corta el sobrante con un cúter.

6 Pon un cordón de cola sobre las grapas e inserta de nuevo el junquillo. Puedes fijarlo con unos clavos de punta.

7 Da una capa de barniz mate incoloro a todo el cabecero, incluyendo la rejilla.

•••• MATERIALES ••••

pintura acrílica color blanco roto
brocha ancha
rodillo de espuma (opcional)
rejilla vegetal
barniz mate
cúter
cola blanca
clavos de punta
martillo

Dar color a un mueble mexicano

Los muebles de estilo mexicano se caracterizan por la solidez de la madera y sus formas rectas. Puedes aligerarlos con pintura a la tiza y usarlos en ambientes contemporáneos y llenos de color, como este armario auxiliar.

CÓMO SE HACE

1 Limpia el mueble con una bayeta humedecida en agua jabonosa. Seca bien con un paño que no suelte pelusa.

2 Aplica una capa de pintura a la tiza en rojo oscuro con una brocha y deja secar.

3 Da una nueva capa de pintura, esta vez en amarillo mostaza, y deja secar de nuevo.

4 Pasa papel de lija de grano medio por algunas zonas pintadas para que salga parte de la capa roja inferior.

5 Aplica un poco de cera oscura con un paño de algodón con movimientos circulares para lograr el efecto «gastado». Aplica esta cera sobre todo en las esquinas y en los relieves. Da una capa final de cera incolora por todo el mueble, retirando el exceso con un paño de algodón.

···· MATERIALES ····

pintura a la tiza color rojo oscuro

pintura a la tiza color amarillo mostaza

brocha ancha

paño de algodón

cera oscura

cera incolora

papel de lija de grano medio

cinta de carrocero

bayeta

agua y jabón líquido

Cómoda de efecto lavado

A veces la gracia de la pintura está en un acabado deslavado, muy ligero, que deje entrever la madera que hay debajo. Fácil y rápida, esta técnica sirve para todo tipo de muebles.

CÓMO SE HACE

1   Lija el mueble con papel de lija de grano fino. Si tiene barniz o pintura anterior, usa antes lana de acero. Retira el polvo.

2   Mezcla la pintura acrílica con agua, en proporción de una parte de pintura por dos de agua. Remueve bien.

3   Quita los cajones y retira los pomos o tiradores.

4   Con la brocha bien empapada pero sin gotear, aplica una capa de pintura por todo el mueble. Hazlo siempre en la misma dirección y retirando el exceso de pintura con un trapo. Pinta también los cajones.

5   Da una segunda capa de pintura si es necesario. Deja secar y lija un poco en las esquinas y relieves para dar un aspecto envejecido al mueble.

6   Aplica una capa de barniz mate y deja secar. Coloca los tiradores y monta de nuevo los cajones en el mueble.

•••• MATERIALES ••••

pintura acrílica blanca

agua

brocha gruesa

paño de algodón

barniz mate

papel de lija de grano fino

lana de acero (opcional)

Mesa auxiliar con traviesa de madera

Las marcas y golpes que el uso y el tiempo han dejado en la madera no siempre deben ser reparadas. A veces, el verdadero encanto de un mueble reside en sus huellas.

CÓMO SE HACE

1   Limpia bien el mueble para quitar todo el polvo. Hazlo utilizando una bayeta humedecida en agua jabonosa. Deja secar.

2   Lija el mueble con papel de lija de grano grueso. Retira el polvo con un paño de algodón.

3   Aplica una capa de barniz al agua para madera con un pincel ancho. Hazlo en el sentido de la veta con pasadas largas, evitando aplicar barniz dos veces en el mismo sitio. Deja secar el barniz.

•••• MATERIALES ••••

papel de lija de grano grueso

paño de algodón

barniz al agua para madera

pincel ancho

bayeta

agua y jabón líquido

Pupitre antiguo

Los muebles antiguos de madera maciza se restauran muy bien con papel de lija, lana de acero y algunas capas de barniz. Te contamos cómo, paso a paso.

CÓMO SE HACE

1 Lava bien el mueble con agua jabonosa y deja secar. Lija el mueble con un taco de papel de lija de grano medio. Insiste en cualquier astilla.

2 Si quieres, utiliza pasta para madera para tapar las grietas y arañazos. Deja secar y lija de nuevo. Si tiene carcoma, aplica el producto y envuelve el mueble con papel plástico siguiendo las instrucciones del fabricante.

3 Da una capa de barniz mate con un paño de algodón y cuando se haya secado, lija de nuevo. Repite este proceso una vez más, siempre con papel de lija fino.

4 Lija el mueble de nuevo, esta vez con lana de acero. Retira el polvo y aplica una capa de tinte de color nogal con un trapo de algodón. Debe estar húmedo, no empapado. Retira el exceso con otro paño antes de que se seque por completo.

5 Finaliza con una capa de barniz goma laca, aplicado a muñequilla. Humedece una esponja de algodón, envuélvela en un paño y aplica así, con esta especie de tampón humedecido, el barniz de lado a lado, con suavidad.

•••• MATERIALES ••••

taco de lija de grano medio
papel de lija de grano fino
tinte madera color nogal
lana de acero
paño de algodón
esponja de algodón
barniz mate incoloro
barniz goma laca
pasta para madera del color del mueble (opcional)
bayeta
agua y jabón líquido

Pintar un sillón de mimbre

Restaurar un viejo sillón de fibra vegetal nunca fue tan fácil. Los recovecos del mimbre son muy difíciles de cubrir por completo con pinceles y brochas. Te proponemos hacerlo con un espray de esmalte sintético. ¡Fácil y limpio!

CÓMO SE HACE

1 Limpia el mueble de polvo pasando el aspirador o con una bayeta ligeramente humedecida en agua jabonosa. Deja secar bien.

2 Protege el suelo en el que vas a pintar el sillón con plástico fijado con cinta de carrocero.

3 Agita bien el espray de pintura, al menos durante un minuto, para que el producto se mezcle bien. Ponte la mascarilla protectora.

4 Coloca la butaca boca abajo y aprieta el espray a una distancia de unos 25 cm. Aplica la pintura en pasadas finas, primero de izquierda a derecha y después de arriba a abajo. Deja secar 6 o 8 horas.

5 Repite la aplicación de esmalte en espray con una segunda capa, de nuevo con pasadas finas en todas direcciones. Deja secar toda la noche.

···· MATERIALES ····

esmalte sintético en espray
mascarilla de protección
plástico protector
cinta de carrocero
bayeta
agua y jabón líquido

Silla antigua con acabado plata

Gracias a las pinturas de efecto metalizado, es posible renovar diseños antiguos en innovadoras piezas de diseño. Como esta butaca isabelina, que se viste de plata.

CÓMO SE HACE

1. Limpia la silla con una bayeta humedecida en agua jabonosa. Seca bien con un paño que no suelte pelusa.

2. Protege la rejilla y el tapizado de la silla con plástico fijado con cinta de carrocero.

3. Lija la silla para eliminar barnices anteriores y facilitar la adherencia del esmalte.

4. Remueve el esmalte para que se mezcln bien los pigmentos de color y aplica una capa con la brocha. Deja secar.

•••• MATERIALES ••••

esmalte satinado color plata

pincel mediano

paño de algodón

papel de lija de grano fino

cinta de carrocero

plástico protector

bayeta

agua y jabón líquido

Banco pop art

Descubre cómo transformar un viejo banco con mesilla en la pieza protagonista del salón. El secreto está en la pintura a la tiza y en la fantástica tela estampada.

CÓMO SE HACE

1 Retira el tapizado del banco, si aún lo tiene. Lija todo el mueble y retira el polvo.

2 Con una brocha, aplica una capa de pintura a la tiza diluida con un poco de agua. Hazlo con una brocha en el sentido de la veta de la madera. Deja secar.

3 Lija la superficie pintada con papel de grano medio. Retira el polvo y aplica una capa de cera con un paño de algodón. Hazlo también en las superficies no pintadas.

4 Dibuja en papel vegetal la silueta del asiento y del respaldo. Utiliza estas plantillas para recortar la espuma guata, añadiendo 3 cm a cada lado.

5 Forra la espuma del respaldo con su tela, grapándola en el reverso. Pégala con cola al mueble y remata con una cinta de pasamanería, fijada con chinchetas o con clavos de punta. Haz lo mismo con el asiento, encolándolo en su lugar.

6 Pinta los detalles grabados con pintura acrílica a juego con los colores de la tela y un pincel pequeño: en este caso, lila y amarillo.

Restaurar la mesa de comedor

Esta es una gran idea para mantener el color de la madera. Sirve para muebles con manchas, zonas descoloridas o incluso grietas. Únicamente necesitas papel de lija.

CÓMO SE HACE

1 Lava bien el mueble con una bayeta humedecida en agua y jabón líquido para retirar restos de grasa y suciedad.

2 Lija con papel de grano grueso toda la superficie, en el sentido de la veta de la madera, para retirar el barniz.

3 Lija ahora con papel de grano medio para quitar las marcas, arañazos y golpes de la madera. Hazlo también siempre en el sentido de la veta.

4 Retira el polvo con un paño de algodón y lija con papel de grano fino para pulir toda la madera.

5 Limpia bien la mesa con la bayeta humedecida con agua jabonosa y deja secar.

6 Aplica una capa de barniz con la brocha. Deja secar y pasa suavemente una lija de grano muy fino en el sentido de la veta. Quita el polvo con un paño de algodón.

Pátina con efecto envejecido

Los muebles de madera trabajada con relieves necesitan realzar esos detalles con una pátina oscura que a veces el tiempo diluye. Puedes conseguir este resultado aplicando una capa de cera oscura o bien con betún de Judea.

1   Lava bien el mueble con una bayeta humedecida en agua y jabón líquido para retirar restos de grasa y suciedad. Deja secar.

2   Lija con papel de grano fino toda la superficie, en el sentido de la veta de la madera. Retira el polvo con un paño de algodón.

3   Aplica una capa de cera con la esponja, extendiéndola bien. Es mejor que la capa sea generosa y retirar después el sobrante con un paño. Deja secar.

4   Aplica el betún de Judea con un paño, extendiéndolo bien por toda la superficie. Retira el excedente antes de que se seque totalmente, para que solo quede el color fijado en los recovecos de la madera.

···· MATERIALES ····

papel de lija de grano fino

betún de Judea

paño de algodón

cera incolora

esponja

bayeta

agua y jabon líquido

Sillas antiguas de cocina

Los viejos muebles de cocina tienen un sabor especial que merece la pena conservar. La restauración es fácil: lijar y proteger hasta recuperar la esencia de la pieza.

CÓMO SE HACE

1. Lava bien el mueble con una bayeta humedecida en agua y jabón líquido para retirar restos de grasa y suciedad. Deja secar.

2. Lija con papel de grano fino toda la superficie, en el sentido de la veta de la madera. Retira el polvo con un paño de algodón.

3. Aplica una capa de cera con la esponja, extendiéndola bien en todas direcciones. En las esquinas, utiliza la brocha para llegar a todos los rincones. Deja secar.

4. Retira la cera sobrante con un paño de algodón y frota con el cepillo de cerdas duras.

5. Otra opción para este tipo de piezas es utilizar tinte al agua de color nogal, aplicarlo con una esponja y retirar el sobrante con un paño de algodón.

Mesa de terraza con color

Las mesas de listones de madera para la terraza pueden tener una nueva vida gracias a la pintura acrílica y al barniz brillante. Además de color, estrenarán textura.

CÓMO SE HACE

1 Limpia bien el mueble con agua y jabón para retirar la suciedad. Deja secar toda la noche.

2 Con una lana de acero lija bien toda la mesa. Pasa después una lija de grano fino para dejar la superficie suave al tacto.

3 Aplica una capa de selladora al agua y deja secar.

4 Da una capa de pintura acrílica con la brocha, siempre en una misma dirección. Hazlo con pasadas extendidas y largas, para no sobrecargar de pintura. Repite la aplicación dos o tres veces, hasta que obtengas la cobertura deseada. Deja secar en una habitación interior ventilada (para que el aire o la humedad no formen burbujas en la pintura).

5 Aplica una capa de barniz sintético brillante para exteriores, que protegerá mejor la pieza frente a cualquier tipo de agresión externa.

Perchero antiguo de madera

Los objetos antiguos de madera suelen estar dañados por el paso del tiempo: el barniz está desgastado, hay marcas profundas o incluso faltan trozos de madera. Esta es una buena solución para recuperarlos.

CÓMO SE HACE

1 Limpia bien el mueble con agua y jabón para retirar la suciedad. Deja secar toda la noche.

2 Frota el perchero con una lija de grano medio para retirar restos de barniz. Retira el polvo con un paño de algodón.

3 Aplica una capa de barniz satinado para madera con una brocha. Este tipo de producto protege la madera y resalta su color natural, pero deja ver las imperfecciones de los objetos antiguos.

4 Lija de nuevo el perchero y aplica betún de Judea con un paño, retirando el sobrante enseguida con el mismo trapo. El betún penetrará en las zonas más hundidas de la madera y resaltará las marcas del tiempo.

· · · · MATERIALES · · · ·

papel de lija de grano medio

paño de algodón

barniz satinado

betún de Judea

brocha

bayeta

agua y jabón líquido

Restaurar una silla tapizada

Una capa de pintura mate o con efecto tiza puede transformar por completo una vieja silla tapizada de madera. Si tiene marcas o arañazos, ni siquiera hace falta repararlos.

CÓMO SE HACE

1 Desatornilla el asiento y retira la tela. Quita la pasamanería del respaldo para retirar también la tela. Corta las nuevas telas tomando como patrón las viejas.

2 Lija con papel de grano fino la estructura de madera y retira el polvo con un paño.

3 Aplica una capa de esmalte satinado en toda la silla, con pasadas largas y finas, extendiendo bien el producto con el pincel. Deja secar.

4 Aplica una segunda capa de esmalte y deja secar.

5 Pasa la lija en algunas esquinas para marcar los relieves.

6 Fija la nueva tela del respaldo con puntas o chinchetas sobre la cinta de pasamanería.

7 Forra el asiento con la nueva tela y grápala cuidando bien los bordes. Atornilla de nuevo el asiento a la silla.

• • • • MATERIALES • • • •

tela para el nuevo tapizado

lija de grano fino

paño de algodón

esmalte blanco satinado

pincel mediano

chinchetas y cinta de pasamanería

grapadora de tapicero

destornillador

tijeras

Mesa de hierro

Los muebles de hierro de exterior se restauran fácilmente con un buen lijado y una capa de imprimación que evite el óxido. Muchas pinturas ofrecen ya un efecto antioxidante que evitan esa aplicación previa y lo hacen mucho más fácil.

CÓMO SE HACE

1   Limpia bien el mueble con agua y jabón para retirar la suciedad. Deja secar.

2   Frota la mesa con una lija de grano medio para eliminar restos de óxido y facilitar la adherencia de la pintura. Retira el polvo con un paño de algodón.

3   Aplica una capa de pintura antioxidante con un pincel, asegurándote de llegar a todos los rincones.

4   Deja secar y aplica una segunda capa de pintura.

• • • • MATERIALES • • • •

pintura antioxidante para hierro color negro

papel de lija de grano medio para metal

paño de algodón

pincel mediano

bayeta

agua y jabón líquido

Estantería de cocina

Los muebles de madera en el baño o la cocina necesitan un plus de protección para resistir bien la humedad. Repasar de vez en cuando el mueble con lija y aplicar barniz protector ayudarán a que estén como nuevos durante años.

CÓMO SE HACE

1 Limpia bien el mueble con agua y jabón para retirar la suciedad. Deja secar.

2 Lija todo el mueble con lija de grano fino para madera. Retira el polvo con un paño de algodón.

3 Aplica una capa de barniz mate incoloro con ayuda de un pincel. Deja secar tres horas.

4 Da una nueva capa de barniz y deja secar antes de pasar un paño para sacar brillo a la madera.

···· MATERIALES ····

papel de lija de grano fino

paño de algodón

barniz mate incoloro

pincel mediano

bayeta

agua y jabón líquido

Mesa con efecto craquelado

La técnica del craquelado hace que la pintura se cuartee sobre la madera y ofrece al instante un fantástico efecto envejecido. Así es como se consigue.

CÓMO SE HACE

1 Limpia bien el mueble con agua y jabón para retirar la suciedad. Deja secar.

2 Lija todo el mueble con lija de grano fino para madera. Retira el polvo con un paño de algodón.

3 Aplica una capa de barniz brillante a la encimera y deja secar.

4 Mientras, aplica en el resto de la mesa el craquelador y deja secar un poco. Cuando aún esté gomoso al tacto, aplica una capa de pintura acrílica verde, con pasadas de arriba abajo, sin repasar sobre zonas ya pintadas.

5 Deja secar para que se produzca el efecto cuarteado.

6 Aplica una capa de barniz de poliuretano para proteger el craquelado.

Aparador rústico industrial

Muchos muebles rústicos de madera son perfectos para pintar en tonos oscuros: así encajan a la perfección en ambientes de aire industrial o contemporáneo, como este aparador en verde musgo.

CÓMO SE HACE

1 Retira los cajones y los tiradores de las puertas. Pasa una bayeta humedecida con agua por el mueble y seca bien con un paño que no suelte pelusa.

2 Pinta el mueble con pintura a la tiza en verde oscuro. Mientras se seca, pinta los cajones. Puedes hacerlo con brocha o con paletina, como te sea más cómodo.

3 Da una segunda capa de pintura si es necesario y deja secar.

4 Aplica una capa de cera oscura con un paño de algodón por todo el mueble, incluida la encimera de madera si no la has pintado.

···· MATERIALES ····

pintura a la tiza color verde oscuro

brocha o paletina grande

paño de algodón

cera oscura

bayeta

agua y jabón líquido

Renovar el comedor

Si te gusta el estilo de los comedores franceses, cálidos y luminosos, te encantará esta combinación de pintura a la tiza: textura lisa en la mesa y acabado envejecido en las sillas del comedor. ¡Un plus de encanto para tu casa!

CÓMO SE HACE

1   Limpia la mesa con una bayeta humedecida en agua jabonosa. Seca bien con un paño que no suelte pelusa.

2   Dale la vuelta a la mesa y empieza a pintar las patas con pintura a la tiza en un tono crudo. Gira la mesa y sigue pintando el resto de la estructura. Utiliza una paletina más pequeña para llegar bien a todos los rincones. Deja secar.

3   Mientras, pinta las sillas con pintura a la tiza en blanco antiguo. Hazlo con una brocha (protege antes el tapizado y la rejilla con plástico fijado con cinta de carrocero). Pasa un taco de lija fino por las sillas para que se vean las vetas de la madera.

4   Aplica una capa de cera por las sillas, y retira después la protección de los respaldos y asientos. Hazlo con una brocha para encerar, para mantener el efecto envejecido ultramate.

5   Con un paño de algodón, da una capa de cera a la mesa, con movimientos circulares, retirando siempre el exceso con el mismo trapo. La cera debe repartirse bien por toda la superficie.

Renovar muebles de madera de jardín

Recuperar el brillo de los muebles de madera de exterior es una de las restauraciones más frecuentes. Además de protegerlos con aceites periódicamente, esta técnica permite recuperar piezas muy dañadas.

CÓMO SE HACE

1 Limpia el mueble con un paño de algodón impregnado en acetona, frotando bien para limpiar la madera de restos de productos o suciedad.

2 Lija con papel de grano fino para acabar de limpiar el sillón y retirar posibles astillas o relieves indeseados en la madera.

3 Aplica una capa de barniz a poro abierto, que repele el agua e hidrata la madera, además de impedir que se cuartee si está expuesto al exterior.

4 Deja secar y aplica una segunda capa.

•••• MATERIALES ••••

barniz a poro abierto
pincel mediano
paño de algodón
acetona
papel de lija de grano fino

Vigas de madera como estantes

Esta es una buena idea para utilizar traviesas de tren o vigas de madera como estanterías. Con este tratamiento, podrás lucirlas en el interior de tu casa con un gran resultado.

CÓMO SE HACE

1 Limpia el mueble con una bayeta humedecida en agua jabonosa, para limpiar la madera de restos de productos o suciedad.

2 Lija con un cepillo de cerdas duras, frotando enérgicamente en todas direcciones y luego pasa lija de grano medio en el sentido de la veta de la madera. Retira el polvo con un paño de algodón.

3 Aplica una capa de aceite de linaza con una brocha y deja secar para que penetre bien en la madera. Pasa un paño.

4 Si buscas mayor protección, puedes aplicar una capa de barniz satinado.

Sillas de loneta de colores

Las sillas de loneta, también llamadas «de director» por su presencia en los platós cinematográficos, quedan perfectas tras pintarlas con pintura a la tiza. ¡Un toque de color perfecto para terrazas y porches, pero también para dormitorios juveniles!

CÓMO SE HACE

1 Retira la loneta de las sillas. Limpia la madera con una bayeta humedecida en agua jabonosa y deja secar bien.

2 Aplica una capa de pintura del color elegido con una brocha gruesa y sigue con una paletina estrecha para llegar a todos los rincones. Empieza por las patas con la silla boca arriba para darle la vuelta y seguir sin necesidad de esperar a que se seque. Deja secar.

3 Si la silla va a estar en el interior, aplica una capa de cera con un paño de algodón o una brocha para encerar. Si va a estar en el exterior, lo mejor es escoger una pintura a la tiza resistente al sol y a la humedad y no aplicar cera de ningún tipo: solo pulir bien con un paño seco.

4 Coloca de nuevo la loneta limpia en cada silla.

Cajonera decorada con estarcido

El estarcido es una técnica fácil que permite decorar los muebles con pintura. Una buena idea para personalizar aún más las piezas que restaures con pintura a la tiza.

CÓMO SE HACE

1 Limpia la cajonera con una bayeta humedecida en agua jabonosa y seca bien con un paño. Retira los cajones y quita los tiradores.

2 Pinta primero los cajones con una capa de pintura gris antracita. Hazlo con una brocha gruesa en todas direcciones. Mientras se secan, pinta la estructura de la cajonera.

3 Aplica ahora la pintura con estarcido. Puedes utilizar plantillas de plástico o papel vegetal con las formas que quieras. Colócalas sobre la posición deseada y aplica la pintura en el color elegido con un rodillo (ejerce más presión que la brocha y queda mejor). Deja secar.

4 Si quieres lograr un efecto algo envejecido, pasa un papel de lija fino con movimientos circulares por toda la superficie, sin presionar, para que los colores se desgasten.

5 Protege el mueble con una capa de cera, aplicándola con un paño.

Pintar un marco de fotos en dorado

Una buena idea para recuperar los viejos marcos de madera es utilizar pintura metalizada. Emular oro o plata transforma por completo la imagen de cualquier marco de cuadro o fotografía, por sencillo que sea.

CÓMO SE HACE

1 Limpia el marco con un paño de algodón impregnado en aguarrás.

2 Si el marco presenta astillas o marcas, pasa una lija de grano fino.

3 Aplica una capa de selladora y deja secar.

4 Da una capa de esmalte dorado con un pincel y deja secar.

5 Aplica una capa de betún de Judea, esparciéndolo bien con el pincel. Retira el excedente con un paño, antes de que el betún se seque.

•••• MATERIALES ••••

selladora o tapaporos

esmalte sintético dorado

pincel

betún de Judea

paño de algodón

aguarrás

papel de lija de grano fino (opcional)

Renovar una mesa con cinta de encaje

Para renovar por completo una sencilla mesita, a la clásica solución de pintarla añadimos un plus de creatividad: una cinta de encaje en los laterales que le da una imagen espectacular.

CÓMO SE HACE

1. Limpia la mesa con una bayeta humedecida en agua jabonosa. Deja secar.

2. Pasa una lija de grano fino por todo el mueble para preparar la superficie y permitir que el esmalte se adhiera mejor.

3. Aplica una capa de esmalte blanco satinado y deja secar. Da una segunda capa si buscas un efecto más cubriente.

4. Corta la cinta de encaje (debe ser del mismo grosor que la encimera de la mesa) a la medida del perímetro de la mesa. Fíjala con dos chinchetas en cada esquina.

···· MATERIALES ····

papel de lija de grano fino

esmalte blanco satinado

pincel

cinta de encaje

tijeras

16 chinchetas cromadas

martillo

bayeta

agua y jabón líquido

Bañera de hierro pintada en rojo

Una bañera exenta de hierro es una pieza muy versátil: puede usarse como elemento decorativo o bien seguir utilizándose como bañera tradicional. La pintura al aceite, empleada en náutica, la dejará lista para el uso diario.

CÓMO SE HACE

1. Limpia la bañera con una esponja humedecida en agua jabonosa. Deja secar.

2. Pasa una lija para metal por toda la pieza para preparar la superficie y permitir que el esmalte se adhiera mejor. Limpia bien el polvo después.

3. Aplica una capa de imprimante y deja secar. Hazlo con un rodillo de espuma y utiliza una brocha para los rincones y relieves.

4. Aplica una capa de pintura al aceite en toda la bañera, también con el rodillo y la brocha. Deja secar y repite la aplicación. Las capas deben ser finas y bien extendidas.

···· MATERIALES ····

papel de lija de grano medio para metal

imprimante para hierro

pintura al aceite roja

rodillo de espuma

brocha

esponja

agua y jabón líquido

Reavivar el tono de la madera

Los muebles de madera tienden a perder su color natural por el uso, el desgaste o incluso la acción de los rayos del sol, aunque estén en el interior. Recuperar su brillo y tono naturales es muy fácil.

CÓMO SE HACE

1 Retira los tiradores y las puertas o cajones del mueble, desatornillando las bisagras.

2 Pasa una lija de grano fino por todo el mueble de forma muy suave, solo para facilitar que penetre el tinte. Limpia bien el polvo después.

3 Aplica el tinte para madera con un pincel, siempre en el sentido de la veta de la madera. Deja secar.

4 Aplica una capa de barniz sintético mate por todo el mueble y deja secar de nuevo.

5 Atornilla de nuevo las puertas y los tiradores y coloca de nuevo los cajones, si el mueble los tuviera.

•••• MATERIALES ••••

tinte para madera
brocha mediana
paño de algodón
barniz sintético mate
destornillador
papel de lija de grano fino

Mesita de noche en dorado

La pintura metalizada consigue resultados sorprendentes a la hora de renovar el aspecto de un viejo mueble. Sirve tanto para piezas de textura lisa como para muebles con relieves y cantos con molduras.

CÓMO SE HACE

1 Limpia bien el mueble con una bayeta humedecida en agua jabonosa.

2 Aplica con un pincel una capa de selladora para tapar los poros de la madera. Deja secar.

3 Con el rodillo de terciopelo, aplica una capa de pintura metalizada. Hazlo extendiendo bien la pintura en una sola capa fina y sin retocar.

4 Deja secar totalmente y repite la aplicación de pintura metalizada con una segunda capa, también fina y extendida.

Cama de hierro antigua

Las camas de forja tienen una magia especial a la hora de decorar dormitorios clásicos o rústicos. Si buscas una imagen más delicada para el metal negro, opta sin dudar por la pintura: una opción rápida y fácil para darle un nuevo aspecto.

CÓMO SE HACE

1 Limpia bien el mueble con una bayeta humedecida en agua jabonosa. Si hay restos de óxido, hazlo con un estropajo metálico.

2 Aplica con un pincel una capa de imprimación para hierro y deja secar.

3 Pinta la estructura de la cama con una capa de esmalte blanco, removiendo bien antes la pintura para que no queden grumos al aplicarla.

4 Si quieres detalles dorados, sustituye la anterior capa de esmalte blanco por una capa de pintura metalizada dorada para hierro. Aplícala en capas finas con pincel si buscas un acabado liso y brillante. Para un efecto envejecido, aplica la pintura dorada con movimientos cortos y cruzados.

•••• MATERIALES ••••

imprimación para hierro

esmalte blanco

pintura metalizada dorada para hierro

estropajo metálico (opcional)

pincel mediano

bayeta

agua y jabón líquido

Cajonera de madera colonial

Los viejos archivadores de roble son piezas únicas que merece la pena recuperar. Esta técnica es válida para restaurar también mesitas de noche o cómodas de estilo colonial.

CÓMO SE HACE

1. Retira los cajones y tiradores. Si el mueble está pintado o barnizado, aplica un gel decapante con una espátula y déjalo actuar. Retíralo después con la misma espátula.

2. Lija todo el mueble con papel de lija de grano medio hasta dejar a la vista la madera natural. Retira el polvo.

3. Con una brocha redonda, aplica una capa de tinte al agua del color deseado. Hazlo primero en todas direcciones y después con pasadas largas en el sentido de la veta. Deja secar y pasa de nuevo la lija suavemente. Retira el polvo.

4. Impregna una esponja de algodón en barniz al agua, escúrrela bien, tápala con un paño de algodón y extiende bien el barniz por todo el mueble. Deja secar, pasa papel de lija de grano medio de forma suave y retira el polvo.

5. Repite el paso anterior tres veces. Monta de nuevo el mueble atornillando los tiradores y colocando los cajones.

•••• MATERIALES ••••

gel decapante

espátula

papel de lija de grano medio

brocha redonda

tinte al agua (del color deseado)

esponja de algodón

paño de algodón

barniz al agua

Alacena en madera natural

Los típicos muebles de pino barnizados ya no encajan en muchas decoraciones rústicas. Hoy se lleva la madera natural, con su color y textura originales, al más puro estilo nórdico.

CÓMO SE HACE

1 Retira todos los elementos extraíbles del mueble: tiradores, cajones, puertas...

2 Aplica con una espátula el gel decapante y déjalo actuar. Retíralo después con la misma espátula.

3 Pasa lija de grano fino por toda la madera. Hazlo siguiendo el sentido de la veta, hasta dejar la madera vista. Limpia el polvo.

4 Con un pincel, aplica una capa de barniz al agua incoloro. Deja secar y pasa de nuevo el papel de lija.

5 Aplica una segunda capa de barniz, deja secar y vuelve a montar el mueble.

gel decapante
espátula
papel de lija de grano fino
paño de algodón
pincel ancho
barniz al agua incoloro

VANILLE
KÜMMEL
ZIMT
NANELN
GEWÜRZ
GEWÜRZ
ZUCKER
SALZ
REIS
ERBSEN
HL
GRIES

Silla isabelina en tonos crudos

Las sillas del comedor de gala de la abuela son perfectas para ambientes contemporáneos. Solo hace falta aligerar visualmente la madera con pintura a la tiza para lograr unas fantásticas sillas afrancesadas.

CÓMO SE HACE

1 Limpia bien las sillas con una bayeta humedecida en agua jabonosa y seca con un paño.

2 Protege el tapizado de las sillas con plástico fijado con cinta de carrocero. Si vas a retapizarlas, es el momento de retirar las tachuelas y la tela para volver a tapizarlas más tarde.

3 Aplica una capa de pintura con una brocha pequeña, que te permitirá acceder mejor a los rincones y a los grabados de la madera. Empieza por las patas con la silla boca arriba para darle la vuelta y seguir sin necesidad de esperar a que se seque. Pinta con pinceladas en todas direcciones, incluida la rejilla, si la tiene. Deja secar.

4 Aplica una capa de cera con un paño de algodón. No frotes en exceso si lo que buscas es un acabado mate y empolvado. Retira la protección de la tela.

•••• MATERIALES ••••

pintura a la tiza color arena

brocha estrecha

cinta de carrocero

plástico protector

paño de algodón

cera incolora

bayeta

agua y jabón líquido

Silla Thonet en verde agua

Uno de los clásicos de la decoración colonial es la silla Thonet, famosa por su madera curva. Con la pintura a la tiza puedes pintarla por completo o jugar con el tono natural de la madera en el asiento o en el respaldo. ¡Tú eliges!

CÓMO SE HACE

1 Limpia la silla con una bayeta humedecida en agua jabonosa. Seca bien.

2 Aplica una capa de pintura en las patas y el respaldo. Empieza por las patas con la silla boca arriba para darle la vuelta y seguir sin necesidad de esperar a que se seque. Hazlo en todas direcciones, para que se vean las marcas de brochazos. Deja secar.

3 Con papel de lija de grano medio, frota en algunas zonas para que salga la veta de la madera.

4 Aplica un poco de cera oscura con un paño de algodón en las zonas que no has pintado. Elimina el exceso con el mismo paño al ir frotando.

5 Da una capa de cera incolora sobre las zonas pintadas, frotando un poco con un paño de algodón para que quede un acabado satinado.

•••• MATERIALES ••••

pintura a la tiza color verde agua

brocha mediana

papel de lija de grano medio

paño de algodón

cera oscura

cera incolora

bayeta

agua y jabón líquido

Teñir un mueble con color

Cualquier mueble de madera puede modernizarse con un toque de color gracias a los tintes para madera. Al contrario de lo que sucede con las pinturas, estos tintes dejan ver la veta de la madera y no son tan cubrientes, con lo que se logra un aspecto muy natural.

CÓMO SE HACE

1 Limpia el mueble con agua jabonosa y una bayeta. Deja secar. Retira los tiradores y los cajones o puertas que desees tintar.

2 Pasa papel de lija de grano medio por la superficie que quieras colorear. Retira el polvo con un paño de algodón.

3 Diluye en agua el tinte para madera siguiendo las instrucciones del fabricante. Aplica una capa sobre la superficie deseada con la brocha. No cargues en exceso el producto, ya que parte del encanto de estos tintes es que no cubran totalmente. Deja secar. Si quieres más color, repite con una segunda capa y deja secar de nuevo.

4 Aplica con la brocha una capa de cera incolora para proteger las zonas pintadas. Elimina el exceso con el paño de algodón.

5 Coloca de nuevo los tiradores y monta los cajones o puertas en su lugar original.

Mesita de noche *shabby chic*

El aire decadente y romántico que caracteriza el estilo shabby chic *es perfecto para transformar muebles viejos que ya no ajustan o que presentan marcas profundas.*

CÓMO SE HACE

1 Lava bien el mueble con agua jabonosa y una esponja o bayeta. Deja secar.

2 Pasa un taco de lija de grano medio por la encimera, para retirar restos de barniz y dejar la madera vista. Retira el polvo.

3 Aplica una capa de pintura a la tiza en el cuerpo de la mesita, pintando también el interior. Hazlo con una brocha gruesa en todas direcciones, para acentuar el efecto *shabby*.

4 Lija algunas partes del mueble enérgicamente para que se vea el tono natural de la madera. En el resto del mueble, lija en distintas intensidades para que se vea desigual.

5 Aplica cera para pintura a la tiza con un paño de algodón, tanto en la zona pintada como en la madera vista: la cera protegerá el mueble.

Pintar con aspecto envejecido

Sin llegar al aspecto ultraenvejecido de los muebles de estilo shabby chic, *es posible otorgar a muchos muebles una falsa pátina de tiempo. Basta con utilizar pintura satinada y papel de lija para lograrlo.*

CÓMO SE HACE

1 Lija el mueble con papel de lija de grano medio. Retira el polvo.

2 Con la ayuda de un martillo, da algunos golpes sobre un paño para marcar la madera. También puedes hacerlo con la base del destornillador, siempre cubriendo la herramienta con un paño.

3 Retira los cajones, las puertas y los tiradores. Aplica una capa de pintura satinada en todas las piezas del mueble, con pasadas finas que extiendan bien la pintura. Deja secar y aplica una segunda capa si es necesario.

4 Pasa la lija por los cantos de los cajones, las esquinas del cuerpo del mueble y algunas partes de la encimera, hasta que se vea el color de la madera. Hazlo con distinta intensidad para acentuar el efecto envejecido.

5 Aplica una capa de barniz mate, deja secar y monta de nuevo el mueble.

•••• MATERIALES ••••

papel de lija de grano medio
paño de algodón
martillo o destornillador
pintura satinada
barniz mate
paletina ancha

Índice de proyectos